Versiloquios

Ricardo Labra
Versiloquios

Luna de Abajo Poesía
Oviedo, 2025

Primera edición: junio, 2025

© Ricardo Labra

© *de esta edición:* Luna de Abajo
Tels.: 984 20 17 71 / 654 29 29 46
lunadeabajo@hotmail.com
www.lunadeabajo.com

Depósito legal: AS 01364-2025
ISBN: 978-84-86375-84-3

Índice

1. Oasis y desafíos   9
   (primera epifanía de la luz)   11
   (otra negación de Kafka)   12
   (segundo apotegma de Heráclito)   13
   (el cuento de los desheredados)   14
   (un dilema para H. P. Lovecraft)   15
   (apotegma del reflejo y del perplejo)   16
   (luz en *bel canto* transformada)   17
   (acotación a un poema de Montale)   18
   (segunda epifanía de la luz)   19

2. Usuras y azares   21
   (sobre la condena del héroe y su arquetipo)   23
   (sobre las aporías del tiempo)   24
   (sobre el laurel de Apolo y la corona de espinas)   25
   (sobre «La meta es el olvido»)   26
   (sobre los confines paralelos)   27
   (sobre los dones de las musas)   28
   (sobre el maldito poder del poeta)   29
   (sobre los trabajos del héroe)   30
   (sobre una antipoética de lo inefable)   31

3. Galerías y otros ecos   33
   (de galerías y náufragos)   35
   (de los caminos insondables del arte)   36
   («*de profundis terrae*» I)   37
   («*de profundis terrae*» II)   38
   (de ecos y reverberaciones)   39
   (*de admonitione* a la bella durmiente)   40
   (de la sombra de las siete palabras)   41
   (de la metafísica y otras hemorragias)   42
   (de la naturaleza de algunos hábitos)   43

4. Nota epilogal   45

1

Oasis y desafíos

(luz en *bel canto* transformada)

No hay ángeles ancianos.

Los querubines, sin los melismas
de la inocencia,
son expulsados sin miramientos
ni mandamientos

del sublime coro celestial.

(acotación a un poema de Montale)

—¿Existe el paraíso?

—Claro, yo mismo
fui de él expulsado.

—¿Y qué has hecho para merecer
semejante castigo?

—Simplemente, perder la inocencia.

(segunda epifanía de la luz)

Canta el mirlo en el paraíso
de tu memoria.

Entonces, ¿por qué lo escuchas
como si avivase las llamas
del infierno?

2

Usuras y azares

(sobre la condena del héroe y su arquetipo)

¿Quién puede retener la sombra
del vertiginoso tiempo?

La tortuga lenta avanza al paso
de la velocidad de la luz
de sus recuerdos.

Nunca logrará alcanzarlos…

El héroe de los pies ligeros,
más que perseguir a una sombra,
veloz corre tras un sueño.

(sobre las aporías del tiempo)

Aquiles, el de los pies ligeros,
ignora que su carrera
jamás podrá sobrepasar
el tic tac del segundero.

Y que el paso lento de una tortuga
—tic tac del segundero—
quebrará, con su diapasón,
el indómito tesón
del más veloz y audaz guerrero.

Corre, mortal Aquiles, es tu momento,
antes de que te atraviese la sombra
de la fecha letal del tiempo.

(sobre el laurel de Apolo y la corona de espinas)

El buen atleta no ignora
que la carrera está perdida
desde el ayer que es ahora
nuevo punto de partida.

La meta solo anuncia la imprecisa línea
—neblinosa la quilla de Caronte—
de otro inalcanzable horizonte.

(sobre «La meta es el olvido»)

El atleta llegó antes de que el poeta
se pusiera a escribir.

Sus pasos no le pertenecen,
son palabras de otro.

(sobre los confines paralelos)

Uno corre por fuera,
el otro por dentro.

Uno atraviesa colinas y valles,
el otro siglos y misterios.

(sobre los dones de las musas)

La piedra dibuja su mano crispada
y su gesto de fatiga.

Victorioso, ha llegado a la meta,
como proclama el laurel
de su última derrota.

(sobre el maldito poder del poeta)

El efímero tiempo retenido
de este poema,
permanecerá para siempre

fugándose de tus manos.

(sobre los trabajos del héroe)

Él se esforzó al límite y forzó
todos los límites de la esfera
desafiando a los hombres
y a los dioses de la tierra.

Solo por alcanzar la dudosa gloria
de que alguien como yo
evocase por azar su sombra ilusoria.

¡Qué caprichoso es el destino humano
y qué voluble el juez de la memoria!

(sobre una antipoética de lo inefable)

La poesía es cuestión de forma
—dice el esteta versado—
cuando no hay forma
de descifrar su significado.

3

Galerías y otros ecos

(de galerías y naúfragos)

Un faro envía señales a los barcos lejanos.

Sus ráfagas de luz surcan las sombras
de mi corazón.

(de los caminos insondables del arte)

Shakespeare nunca pensó en la gloria
ni en la banal eternidad
que quiso dejar para otros
escritores menos pretenciosos.

Sus preocupaciones mundanas
estaban en los beneficios
de las letras,

en las que con acierto
supo invertir sus intereses

como demuestra
su inagotable crédito literario.

(«*de profundis terrae*» I)

Eres hijo de la tierra, los topos
te han criado.
                        Ciego tocas
—asombrada sombra—
el nombre de las cosas.

(«*de profundis terrae*» II)

El topo es un cantor mudo
que anida en las raíces
más altas de los árboles.

Su alimento son las hojas ciegas
que meciéndose en las sombras
van en busca de la luz
que atesora la tierra

para deleite
de su más deslumbrado roedor.

(de ecos y reverberaciones)

El tiempo juega a transformar en parodia
su ancestral tragedia.

La sombra que ahora evoca mi memoria
es la de mi abuelo huyendo
de la guerra fratricida
y de su primera muerte.

Esa otra luz, que como un faro zigzaguea,
proviene de mi padre
quinientos metros bajo tierra.

Cuántos anhelos y trizados sueños
—siempre en mi memoria—
con su trágico sabor de parodia.

(*de admonitione* a la bella durmiente)

Tengo la sangre negra.

No olvides que provengo
de la industriosa tierra
de los topos.

Si te beso se desvanecerán tus sueños azules.

(de la sombra de las siete palabras)

Un topo excava sinuosas galerías
por mi memoria.

Nada detiene su afanosa actividad,
ni siquiera las explosiones
y derrumbes de la nada.

—Padre, no te veo.

En la oscuridad,
en la penumbra deslumbradora,

alguien susurra atrapado
entre dos tablones:

—Nadie sabe lo que hace.

(de la metafísica y otras hemorragias)

Aunque sabes que los topos
no son hemofílicos

preciso la permanente transfusión
de tus labios

para que no se desangren mis recuerdos.

(de la naturaleza de algunos hábitos)

Mi mirada es vertical,
soy el habitante de un pozo.

Mi cielo es un pequeño agujero
que a veces ilumina el sol

en las retenidas aguas
de mis manos

como una pálida luna.

Nota epilogal

Estos poemas o poemillas los he ido escri-
biendo como breves acotaciones y sucesivas
notas a pie de página; a veces la poesía se
comporta como una avecilla canora que salta
los vallados de nuestras obligaciones.

Versiloquios urdidos —en el tráfago diario—
con los desabridos melismas de «una avecilla/
que me cantaba al albor».

El poemario *Versiloquios*, de Ricardo Labra,
fue preparado para su publicación en el estudio
Pandiella y Ocio, en Oviedo (Asturias, España),
en mayo de 2025. Para su composición se
emplearon tipografías de Adobe: Minion Pro
para la tripa y Noto Serif para la cubierta.